『イエスであり、マリアであり、
ガブリエルであるもの』
…光の存在はそう告げてきました。

【光のまなざし】

ハワード・ウィルズ氏によってもたらされた
「生命《いのち》の祈り」が日本で初めて翻訳され、
富士山を望む山中湖の大内邸で
披露された日のことでした。

突然、ワークの合間にベランダで見たものの
“美”と“意味”が胸に飛び込んできました。

さまざまな形の六角形の結晶体が、
ほとばしるようなエネルギーの流れのなかにあり
光であり、愛であり、繊細で暖かく、
いつも祝福をもって見守ってくれている存在たち。
『曼荼羅』であり『マカバ』であると
その姿をかいま見た人々に語り継がれてきた
大いなる存在たち。

その六角形のまばゆい結晶体は、
人の姿に細長く広がりながら
目の前に降りてきました。

『イエスであり、マリアであり、
　ガブリエルであるもの』
　…光の存在はそう告げてきました。

あらかじめ失われた男性性と女性性との
完全な合一、めくるめく悦び、
この世の森羅万象は、あまねく光に満ちた
ひとつのいのちであること。

祝福に満ちたまなざしが 全てのいのちの上に
いつも注がれていること。
“意味”が暖かく胸に流れ込んで来ました。

陶然と見ている間に
存在たちは、いつしか霊峰の天空に浮かび
いくつもの光の尾を残して
宇宙《そら》に戻ってゆきました。
ただ『感謝』の思いに満たされていたのです。

2000年４月29日　山中湖にて

さくら

ほとばしるようなエネルギーが
毛細血管ほどの繊細な流れのなかに…

次第に細長く人の姿に舞いおりて
気付くと目の前に暖かな存在が…

口絵・文　佐倉 直海

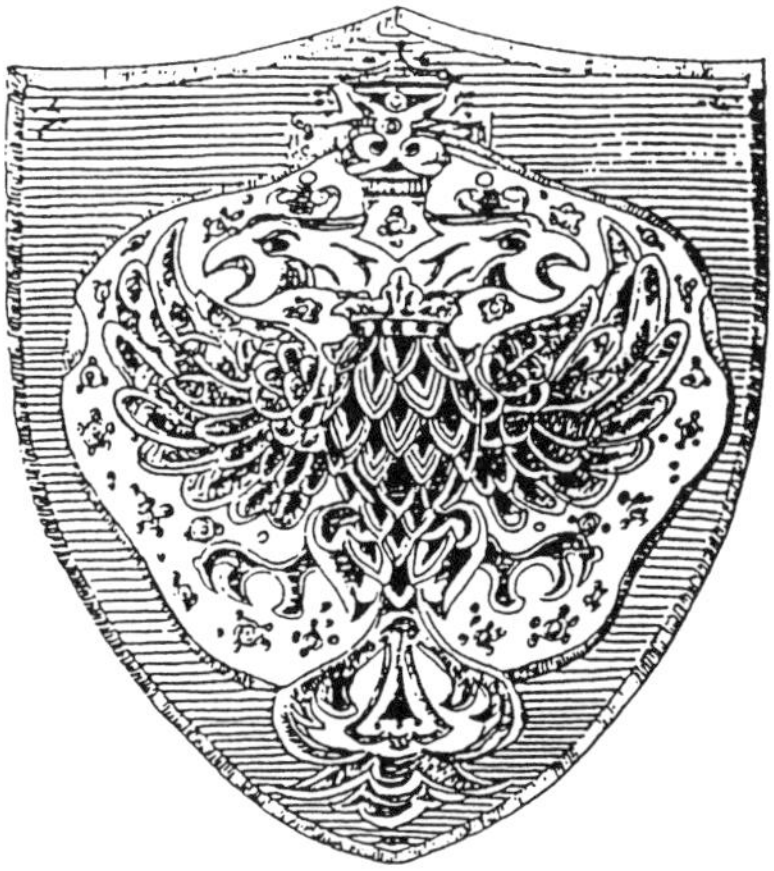

生命《いのち》の贈り物

増補改訂版

ハワード・ウィルズ 著
大内 博 訳

ナチュラルスピリット

はじめに

この情報は、あなたの内面的な、そして、外面的な発達を促進するためのものです。〈生命《いのち》の祈り〉は、ゆるしと解放と和解を通して、謙虚さを促し、意識を高め、癒《いや》しをもたらします。身体的なものであれ、精神的なものであれ、抱えている問題が深刻であればあるほど、〈生命《いのち》の祈り〉を数多く唱えるとよいでしょう。あなたがスピリチュアルな変容と進歩を望むのであれば、1日1回か2回、唱えるとよいでしょう。もっと深刻な、生命《いのち》に関わる難病を癒《いや》したいのであれば、1日2回あるいはそれ以上の回数、この祈りを唱えることをお勧めします。祈りの2、3分後に新鮮な空気を深呼吸してください。できれば、深呼吸をしながら、太陽に掌《てのひら》を向けてください。数を8まで数えながら息を吸い込み、3を数えるまで息を止め、8まで数えながら息を吐き出してください。

〈生命《いのち》の祈り〉は、１９７４年に霊感を受けてもたらされたものであり、それ以来、活用されています。この情報は非常に強力なものであり、人間と神を結び付け、それによって癒《いや》しが実現されます。

謙虚な気持ちになり、すべての裁きを手放し、心を開くという贈り物をあなた自身に差し上げてください。この祈りを読んでください。何度も読んでください。そして、学んだことを実践してください。そうしていただければ、自由と、幸せと、限りない報酬をあなたは得ることになるでしょう。

生命《いのち》と愛と健康の波動の中で

ハワード・ウィルズ

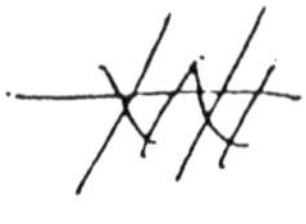

日本の方々へのメッセージ

この祈りは、人類がカルマを解消する力となります。光に向かって自らの存在を解放すれば、私たちは螺旋《らせん》状に上昇して自分自身の高い意識へ、そして、高い意識界に向かうことができます。

この祈りは、人類を癒《いや》し、地球を癒《いや》すようにデザインされています。また、広大な宇宙のまっただ中にあって、地球がエデンのような存在になることも意図されています。地球は、数多くある宇宙の中で一条の光を放つ狼煙《のろし》となり、光の源となり、神聖なるものを伝える数多の物質的な存在の一つとなるでしょう。

今後、さらに多くの祈りが私たちに与えられ、それによって、人類がさらに深いレベルで解放され、人類の遺伝的なコードの鍵が開けられ、より高い意識へと螺旋《らせん》状に上昇することが可能となるでしょう。

これらの祈りは、時間をかけてゆっくりと広めていく必要があります。情報を少しずつ導入していくことが必要です。そうすれば、この情報によって人々がショックを受けることなく、多くの人々がそれを吸収し、よい形で活用し、実生活に生かすことができます。すべての物事は、カルマ的な関連性を持っています。人々はカルマによってコード化されていることを実行しているのです。すべてのものがあるべき形で実践されています。カルマ(ダルマ)とは、そのようにして実行される過程のことです。

人間とは、スピリチュアルな存在が投影されたものです。その人のスピリチュアルな血筋の中に問題があれば、人間としての人生の中に問題となって現れます。このような問題に対して、祈りをもって対処し、カルマを解消しなければなりません。

私たちは、思いや言葉、行動によって仮想現実に影響を与えています。と同時に、遺伝的にコード化されていることを実践しています。祈りとゆるしがそれに待ったをかけることができます。人間の心がゆるせるのは、おそらくは、30パーセントから50パーセントに過ぎません。私たちは部分的に神聖な存在であり、部分的に人間的な存在ですが、大部分においては人間です。ゆるしの過程において、神に助力を求めれば助けていただくことができます。

私たち自身が方向性を決めることによって、自分を浄化することができるのです。

私たちがスピリチュアルな探求において行き詰まり、助けを求めざるを得なくなった時、初めて助けが現れます。聖書でも言っているように、

「求めよ、さらば、与えられん」です。

私たちは奇跡に満ちた世界に住んでいます。

私たち人間はエネルギーです。エネルギーである私たちは、他の存在によってエネルギーを乱されることもあります。すると、私たちの生命《いのち》の流れが妨害されます。自由になるためには、このエネルギーの妨害を解消しなければなりません。

と同時に、私たちが傷つけた人々と和解しなければなりません。

神は私たちが苦しむことを望んではおられません。神は、人間が地上に天国を築くことを望んでおられるのです。望むもの、願望するもののすべてをあなたが手に入れることができるようにする、それが創造主の意図されていることです。

カルマを持っていれば、人生においてプラスになることやマイナスになることへと導かれ

ていきます。カルマが解消されれば、あなたは自由になります。

たとえば、アルコール依存症の人や、麻薬中毒の人は、カルマのために負っている重荷の痛みに耐えかねて、無感覚状態になりたくてそうしているのです。彼らの重荷は祈りによって解消できます。

この祈りはカルマの結び目をほどいてカルマを解消し、カルマの重荷をなくし、痛みを消し、傷を治し、その結果、癒《いや》しを実現するものです。

この祈りには或るコードが埋め込まれていて、それによって私たちの現実が影響を受け、私たちは負っている重荷から解放され、光の中へと解放され、より高い意識へと上昇することができます。

私たちが信じようと信じまいと、すべての生命体はスピリチュアルな存在です。人生における出来事はすべて、スピリチュアルなものに基づいており、私たち自身の発達や、人類の発達を促すメッセージです。というのは、私たちの一人一人が、スピリチュアルな存在であり、全体の一部なのですから。

人類が皆兄弟姉妹として、ささいな違いにこだわることをやめて一体になれば、神の顕現としての存在である自分を生きることとなり、より偉大な真実を知ることになるでしょう。

私たちは、人間であることを超越し、神聖なものを探求し、それから、より進化した完璧な姿で再び人間に戻って来なければなりません。すなわち、大いなる慈悲心と同情心を持ち、より深い愛情を持ち、より深い洞察に満ち、より偉大なる精神的・身体的・感情的・霊的な自由を持った存在にならなければなりません。私たちの進化の旅は終わることがなく、常に、上昇を続けるのです。

私たちの一人一人が、癒《いや》しを促進する、神の光の変換器としての役目を果たすことができます。この祈りは、今、世界中に広がりつつあります。

２０００年４月25日　ハワード・ウィルズ

● 目次

はじめに……3
日本の方々へのメッセージ……5
〈生命《いのち》の祈り〉をおこなうにあたって
信念体系について……12
人類について……13
神《いや》の名称について……14
癒しは感じることである……14
生命《いのち》の祈り
生命《いのち》の祈り Ⅰ……20
ゆるしの祈り
生命《いのち》の祈り Ⅱ……22
自分自身の癒《いや》しのための祈り
生命《いのち》の祈り Ⅲ……26
自分自身のための完全なゆるしの祈り
生命《いのち》の祈り Ⅳ……32
世代間にわたるゆるしの祈り
生命《いのち》の祈り Ⅴ……36
すべての人種・すべての国民・全人類・地球
そして、すべての生命体のための祈り

生命《いのち》の祈り VI……40
すべての関係の完全な癒《いや》しのための祈り
生命《いのち》の祈り VII……46
自分自身の完全な癒《いや》しの祈り
生命《いのち》の祈り VIII……52
感謝の祈り
新たにもたらされた生命《いのち》の祈り……54
祖先のための祈り

2011年改訂版より追加された祈り

豊かさの祈り……58

〈生命《いのち》の祈り〉によって癒《いや》された人々の物語

エディスト島のウィルバー・カイザーの場合……60
エディスト島の女性の話……63
友人のロジャーの話……64
コールマン・ハドソンの場合……69
ある政治家の体験……73
ある医師の息子さんが体験した癒《いや》し……74

『生命《いのち》の贈り物』がどのように創られたか……78
訳者あとがき……88
訳者増補改訂版あとがき……94

〈生命《いのち》の祈り〉をおこなうにあたって

✻ 信念体系について

信念体系は、私たちにさまざまな制限をもたらし、霊的な成長や自覚を妨げることがあります。神は私たちに毎日祝福を送ってくださいますが、あざけりや、裁きや、プライド、そのほか私たちの自己破壊的なあり方によってブロックされてしまうことが多いのです。私たちが持っている信念体系を脇に置いておき、この祈りを使ってみるとよいでしょう。〈生命《いのち》の祈り〉の一言一言を、声を出して読み上げれば、想像もできないような美しい現実の創造を体験することになるでしょう。それは、まさに神と直接会話することなのです。

✻ 人類について

過去6千年もの間、人類は、汚染、殺人、貪欲、憎しみ、ねたみ、裁きの思い、無知によって、自らを、生きとし生けるもののすべてを、そして、母なる地球を苦しめてきました。人類は、今こそ知的な存在となって、死の代わりに生命《いのち》を選択し、自分の行動のすべてに責任をとることによって、神のイメージそのものである自己存在を意識しなければなりません。私たちは神なる創造主の子どもなのです。本来の自分に目覚め、自らの創造的な能力に目覚めなければなりません。私たちの一人一人が、地球のすべての人々が、等しく目覚めなければならないのです。無知なる自己を後にして、真の知性に目覚める必要があります。地球と、あらゆる生命体と、自分自身の健康に責任を持ち、守護者という本来の役割を果たさなければなりません。そして地球のために、生きとし生けるもののために、自分自身のために、「エデンの園」を地上に復活するのです。皆で力を合わせて、地上に天国を築くのです。今こそ、その時です。

✻ 神の名称について

〈生命《いのち》の祈り〉の中では、神を〝主《しゅ》〟ないしは、〝天にましします主〟と呼ばせていただいています。神の呼び方については、ご自分にとって適切と思われる名前をお使いください。この祈りは、すべての人々のためのものであり、いかなる宗教を信じ、いかなる信条をもっていても問題はありません。生命《いのち》の祝福があなたと共にありますように。

✻ 癒《いや》しは感じることである

「すごくよい気持ちだ」とか、「気分が悪い」などと、誰かが言うのを聞いたことがありますか。このような言葉に注意を払ってください。このような言葉は非常に正確に語られています。というのは、その人が身体で体験していることを直接指し示している言葉だからです。すべての生命体がそうであるように、私たち人間も感情《フィーリング》です。知的であり、スピリチュアルであるだけでなく、感情《フィーリング》なのです。

人間という有機体はさまざまな物事によってすぐに複雑な状況に陥ります。自分自身との関係、他の人たちとの関係、他の生物との関係は言うに及ばず、身体器官、骨、筋肉、血管などさまざまな要素が関係しています。このように複雑な存在ではありますが、究極的には、今何を感じているかという問題に帰結します。本当のところ、正直にいって、快適な感情を体験しているか、それとも、悪い感情を抱いているかのどちらかなのです。

昔からこういうことが言われてきました。「自分には嘘はつけない。他人に対しては嘘をつくことができるし、他人にはそれが嘘とはわからないかもしれない。しかし、自分自身に対しては絶対に嘘をつくことはできない」。他人に嘘をついたり、自分の誤った行動について言いわけをしたり、あることについて自分に嘘をつこうとして問題を回避しようとしたりすれば、私たちは内面的にも外面的にも悪い感情を体験することになります。肉体的に、精神的に、感情的に、霊的に、気分が悪くなっていきます。どんなことについてであれ真実を語るという単純な行動をとれば、自由が生まれます。重荷から解放され、苦痛もなくなります。真実を語るということは、ストレスや苦痛の最高の解消法です。誰かに何かを聞かれたら、真実を話すのです。自分自身に何かを聞いたならば、自分自身に対して真実を話すのです。それは自由を創造してくれる最高の薬です。内面的かつ外面的な癒《いや》しをもたらし、快適で健康的な感情をもたらしてくれます。癒《いや》しは絶対に感じることです。そして、真実を語ることこそ、内面的かつ外面的な癒《いや》しを創造するためにもっとも大切な行動です。

ハワイの先住民の僧侶はカフナと呼ばれていますが、私たちが抱く思いは目には見えないけれども物質的なものであり、生きたものであり、実体があるものだとカフナは言っています。思いは強力であり、感情を左右します。否定的で有害で憎しみに満ちた思いを抱けば、それと同じ否定的な感情を持つことになります。ですから、単純な言い方をすれば、プラス思考をしてすべてを祝福することです。裁くことをせず、単純で、ハッピーなことを考えればよいのです。

思いを単純で、肯定的で、祝福そのものにすれば、否定的な裁きの思いによって作り出された重荷や不幸を自分自身で取り除くことができます。肯定的で幸福で裁かない思考を実践すると、気分はよくなり、幸せになり、自由になることができます。気分が良くなり、幸せで、解放感を体験すれば、私たちの身体もそれにならって健康になります。

思い出してください。感情は癒《いや》しそのものです。外面的にも、内面的にも、ほんとうに快適だと感じていれば、身体はそれを自然に反映して健康になるでしょう。心の内面にある感情は身体に反映されます。感情を読むことはすなわち身体を読むことであり、身体を読むことは感情を読むことなのです。思いは現実的なものであり、身体、姿勢、病気などの形をとって顕在化します。肯定的で幸せな思いを抱けば、私たちは内面的にも外面的にも癒《いや》されます。

癒《いや》しに影響を及ぼす最後の要素は、私たちが人生においてとる行動です。私たちは他の人々の行動によって影響を受け、自分がとる行動によって他の人々に影響を与え、さらに、自分自身に影響を及ぼします。行動は、思い・言葉・行為という三位一体の創造的プロセスの最後の段階です。この三位一体のプロセスによって現在が創造され、未来が創造されます。私たちがとる行動は肯定的なものであるべきであり、自分自身を含む関係者すべてにとって祝福であるべきです。肯定的で他の人を祝福する行動をとることによって、私たちと関わるすべての人々への祝福を創造しているのです。私たちが他人に対してすることは、すなわち、自分自身に対してしていることなのです。したがって、肯定的な行動を通じて他の人を祝福すれば、自分自身を祝福することになり、自分自身が快適な感情を体験することに手を貸していることになります。

快適だと感じることほど気分のよいことはありません。感情の落ち込みを体験することほど嫌なものはありません。自分を愛してください。自分自身に対して、他の人たちに対して、地球に対して、地球に住む生物に対して、やさしくすることです。そして忘れないことです。癒《いや》しとは感じることであると。

生命《いのち》の祈り

◆生命《いのち》の祈り――Ⅰ

ゆるしの祈り

私は、今日の日を祝福します。そして、私の生命《いのち》のために感謝します。

私を傷つけた人々をすべて、完全にゆるします。（3回繰り返す）

私が傷つけた人々すべてに、どうぞゆるしてくださるようにとお願いします。（3回繰り返す）

私自身に対する私の過《あやま》ちに関して、そして、他の人々に対する私の過ちに関して、私自身に謝罪します。（3回繰り返す）

私が傷つけたすべての生命体に対して、そして、私が過ちを犯したすべての生命体

に対して謝罪します。（3回繰り返す）

この解放、自由、安らぎ、新しい生命《いのち》をもって、全宇宙の創造物を祝福します。そして、全宇宙を私の愛で満たします。

この地球と、すべての生命《いのち》と、すべての人々を愛します。そして、祝福します。

目に見えるもの、目に見えないもののすべてを愛し、祝福し、尊敬します。

私の新しい生命《いのち》と、力と、健康を喜び、感謝を捧げます。生きとし生けるもののすべてに対し、常に、完全な祝福と愛を捧げます。

◆生命《いのち》の祈り――II

自分自身の癒《いや》しのための祈り

私は、今日の日を祝福します。そして、私の生命《いのち》のために感謝します。

天にまします主《しゅ》よ、私はあなたの子どもです。あなたの謙虚なる子どもです。

あなたに私の愛を捧げます。あなたの不断なる愛と祝福に感謝します。

主よ、私を傷つけた人々をすべて、完全にそして完璧にゆるすことができますように、どうぞ、力をお貸しください。

主よ、どうぞ、どうぞ、お願いします。主よ、感謝します、感謝します、感謝します。

天にまします主よ、私に傷つけられた人々が皆、私を完全にそして完璧にゆるし、解放することができますように、どうぞ、力をお貸しください。

主よ、どうぞ、どうぞ、お願いします。主よ、感謝します、感謝します、感謝します。

主よ、私が私自身を傷つけた時、他の人々を傷つけた時、その諸々の時のすべてに関して、私自身を完全にそして完璧にゆるすことができますように、どうぞ、力をお貸しください。

主よ、どうぞ、どうぞ、お願いします。主よ、感謝します、感謝します、感謝します。

天にまします主よ、私に傷つけられた生命体が皆、私を完全にそして完璧にゆるし、解放することができますように、どうぞ、力をお貸しください。

主よ、どうぞ、どうぞ、お願いします。主よ、感謝します、感謝します、感謝します。

この解放と、自由と、安らぎと、力と、新しい生命《いのち》をもって、全宇宙の創造物を祝福します。そして、全宇宙を私の愛で満たします。

この地球と、すべての生命《いのち》と、すべての人々を愛します。そして、祝福します。

目に見えるもの、目に見えないもののすべてを愛し、祝福し、尊敬します。

私の新しい生命《いのち》と、力と、健康を喜び、感謝を捧げます。生きとし生けるもののすべてに対し、常に、完全な祝福と愛を捧げます。

天にまします主よ、感謝します。主よ、感謝します、感謝します。

◆生命《いのち》の祈り――Ⅲ

自分自身のための完全なゆるしの祈り

私は、今日の日を祝福します。そして、私の生命《いのち》のために感謝します。

天にまします主《しゅ》よ、私はあなたの子どもです、あなたの謙虚なる子どもです。

あなたに私の愛を捧げます。あなたの不断なる愛と祝福に感謝します。

主よ、私を傷つけた人々すべてのために、お願いします。精神的に、肉体的に、感情的に、霊的に、性的に、金銭的に、あるいは、いかなる形であれ、私を傷つけた人々すべてのために、お願いします。

主よ、私を傷つけた人々をすべて、完全にそして完璧にゆるすことができますように、どうぞ、力をお貸しください。

主よ、どうぞ、どうぞ、お願いします。主よ、感謝します、感謝します、感謝します。

私は、私を傷つけた人々のすべてを、神のご助力により、完全にそして完璧にゆるし、解放します。

天にまします主よ、感謝します。

私が傷つけた人々すべての方々に、お願いします。精神的に、肉体的に、感情的に、霊的に、性的に、金銭的に、あるいは、いかなる形であれ、私が傷つけた人々すべての方々に、お願いします。

私は、あなた方のすべてに謝罪します。どうぞ、私をおゆるしください。

天にまします主よ、私に傷つけられた人々が皆、私を完全にそして完璧にゆるし、解放することができますように、どうぞ、力をお貸しください。

主よ、どうぞ、どうぞ、お願いします。主よ、感謝します、感謝します、感謝します。

そして、神のご助力により、完全にそして完璧に私をゆるし、解放してくださることに対し、すべての人々に感謝します。

天にまします主よ、感謝します。

精神的に、肉体的に、感情的に、霊的に、性的に、金銭的に、あるいは、いかなる形であれ、私自身を傷つけた諸々の時のすべてに関して、私自身に与えた傷や、犯した過ちのすべてに関して、私は私自身に謝罪します。そして、ゆるしてくれるようにと依頼します。

天にまします主よ、私が私自身を完全にそして完璧にゆるすことができますように、どうぞ、力をお貸しください。

主よ、どうぞ、どうぞ、お願いします。主よ、感謝します、感謝します、感謝します。

そして、私は、神のご助力により、私自身を完全にそして完璧にゆるし、解放します。

天にまします主よ、感謝します。

いかなる形においてであれ、いかなる時においてであれ、私が傷つけた生命体のすべてにお願いします。私が与えた傷や、犯した過ちに関して、謝罪します。そして、ゆるしてくださるようにお願いします。

天にまします主よ、すべての生命体に対して私が与えた傷や、犯した過ちに関して、私がゆるしていただけますように、どうぞ、力をお貸しください。

主よ、どうぞ、どうぞ、お願いします。主よ、感謝します、感謝します。

主よ、すべての生命体に対して私が与えた傷や、犯した過ちに関して、私がゆるされるように、力をお貸しくださいますことに感謝します。

天にまします主よ、感謝します。

主よ、どうぞ、これらの関係のすべてに祝福をお与えください。私たちをあなたの力で満たしてください。私たちの一人一人に、完全な安らぎをお与えください。

主よ、どうぞ、どうぞ、お願いします。主よ、感謝します、感謝します、感謝します。

天にまします主よ、感謝します。

世代間にわたるゆるしの祈り

天にまします主《しゅ》よ、私自身のために、私の家族全員のために、私たちの祖先すべてのために、お願いします。

私たちが傷つけた人々すべてに対し、私たちが与えた傷と、犯した過ちに関して、謝罪します。そして、ゆるしてくださるようにお願いします。

主よ、どのような形であれ、いかなる時であれ、私たちに傷つけられた人々のすべてが、私たちを完全にそして完璧にゆるし、解放することができますように、どうぞ、力をお貸しください。

主よ、どうぞ、どうぞ、お願いします。主よ、感謝します、感謝します、感謝します。

そして、主のご助力により、私たちを完全にそして完璧にゆるし、解放してくださることに対し、すべての人々に感謝します。主よ、感謝します。

天にまします主よ、私自身のために、私の家族全員のために、そして、私たちの祖先のすべてのために、お祈りします。

主よ、いかなる形であれ、いかなる時においてであれ、私たちを傷つけた人々のすべてを、私たちが完全にそして完璧にゆるし、解放することができますように、どうぞ、力をお貸しください。

主よ、どうぞ、どうぞ、お願いします。主よ、感謝します、感謝します、感謝します。

私たちを傷つけた人々のすべてを、私たちは、神のご助力により、完全にそして完壁にゆるし、解放します。主よ、感謝します。

天にまします主よ、私自身のために、私の家族全員のために、私たちの祖先のすべてのために、お願いします。

主よ、私たちが、私たち自身や他の人々を傷つけた諸々の時、そのすべてに関して、私たち自身を完全にそして完璧にゆるし、解放することができますように、どうぞ、力をお貸しください。

主よ、どうぞ、どうぞ、お願いします。主よ、感謝します、感謝します、感謝します。

私たち自身や他の人々を傷つけた諸々の時、そのすべてに関して、神のご助力により、私たち自身を、完全にそして完璧にゆるし、解放します。主よ、感謝します。

天にまします主よ、この解放と、自由と、安らぎと、新しい生命《いのち》をもって、あなた

の恩寵と祝福によって、私たちが今受容しつつある、愛と生命《いのち》と光と完全を喜び、
感謝します。

今、この時に、そして、永遠に。

天にまします主よ、感謝します。主よ、感謝します。感謝します。

◆生命《いのち》の祈り——V

すべての人種・すべての国民・全人類・地球
そして、すべての生命体のための祈り

天にまします主《しゅ》よ、私たちはあなたの子どもです、あなたの謙虚なる子どもです。

私たちは、あなたに愛を捧げます。あなたの不断なる愛と祝福に感謝します。

すべての人種のために、すべての国民のために、そして、全人類のために、私たちは祈ります。

お互いに対して、私たち自身に対して、地球に対して、地球の生命体に対して、私たちが与えた傷や、犯した過ちに関して、私たちは謝罪します。そして、ゆるしを

お願いします。

主よ、私たちを傷つけた人々すべてを、ゆるすことができますように、どうぞ、力をお貸しください。私たちが私たち自身を傷つけた諸々の時に関して、私たち自身をゆるすことができますように、どうぞ、力をお貸しください。私たちが傷つけた人々のすべてが、私たちをゆるすことができますように、どうぞ、力をお貸しください。

主よ、どうぞ、どうぞ、お願いします。主よ、感謝します、感謝します、感謝します。

私たちは、神のご助力により、お互いを、私たち自身を、そして、すべての生命体を、完全にそして完璧にゆるし、解放します。主よ、感謝します。

天にましますます主よ、私たちが生きとし生けるもののすべてに対し、畏敬と尊敬の念を持つことができますように、どうぞ、力をお貸しください。そして、私たちの人生において、生きとし生けるものすべてのために、平和と調和を達成するという、お互いに対する、地球に対する、そして、生きとし生けるもののすべてに対する、私たちの責任に目覚めることができますように、どうぞ、力をお貸しください。

主よ、私たちの意識と知性と行動を、善と愛と真実の内なる声と、一致させることができますように、どうぞ、力をお貸しください。天にまします、最も高貴なる神よ。

今、この時に、そして、永遠に。

天にまします主よ、感謝します。主よ、感謝します、感謝します。

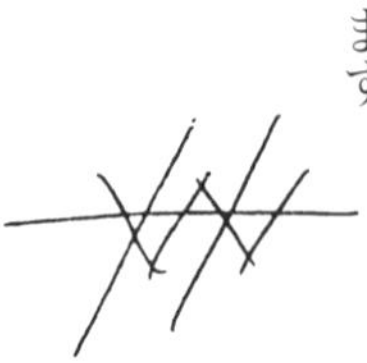

◆生命《いのち》の祈り――Ⅵ

すべての関係の完全な癒《いや》しのための祈り

天にまします主《しゅ》よ、私たちはあなたの子どもです、あなたの謙虚なる子どもです。私たちは、あなたに私たちの愛を捧げます。あなたの不断なる愛と祝福に感謝します。

主よ、あなたの生命《いのち》の中に、あなたの光の中に、あなたの愛の中に、私たちを導き、案内し、方向付けてくださいますように、お願いします。

主よ、精神的に、肉体的に、感情的に、霊的に、
そして、あらゆる意味において、完璧な形で、
あなたの完全が私たちの完全となりますように、

あなたの愛が私たちの愛となりますように、
あなたの生命《いのち》が私たちの生命《いのち》となりますように、
あなたの光が私たちの光となりますように、
どうぞ、お願いします。

主よ、この祝福に感謝します。
主よ、あなたの愛に感謝します。

主よ、私たちが、安らぎと生命《いのち》と光と愛と完全さの中で、
あなたの地球と一緒になりますように、
あなたの天国と一緒になりますように、
あなたと一緒になりますように、
創造物のすべてと一緒になりますように、
私たち自身と一緒になりますように、
心が感情と一緒になりますように、

感情が身体《からだ》と一緒になりますように、
どうぞお願いします。

主よ、精神的に、肉体的に、感情的に、霊的に、
そして、あらゆる意味において、完璧な形で、
あなたの完全が私たちの完全となりますように、
あなたの愛が私たちの愛となりますように、
あなたの生命《いのち》が私たちの生命《いのち》となりますように、
あなたの光が私たちの光となりますように。

主よ、この自由に感謝します。
主よ、あなたの愛に感謝します。
主よ、これらの関係のすべてが癒《いや》されることに感謝します。
主よ、生命《いのち》の贈り物に感謝します。
そして、あなたが常に与えてくださる数多くの贈り物に感謝します。

天にまします主よ、私たちはあなたの子どもです、あなたの謙虚なる子どもです。私たちは、あなたに私たちの愛を捧げます。あなたの不断なる愛と祝福に感謝します。

私たちは、この全宇宙のあなたの創造物のすべてを祝福します。そして、この全宇宙を私たちの愛で満たします。地球を、月を、諸々の惑星を、太陽を、すべての星を、すべての天体を、私たちは祝福します。

私たちは祝福します。樹木を、植物を、花を、川を、湖を、海を、魚を、鳥を、風を、虫を、動物を、すべての人間を、地上の生物のすべてを、全宇宙の生きとし生けるもののすべてを。

私たちは、自由と生命《いのち》と愛と癒《いや》しの贈り物を祝いながら、すべての物、すべての時、すべての宇宙、そして、すべての次元を、私たちの愛で満たします。

今、この時に、そして、永遠に。

天にまします主よ、感謝します。主よ、感謝します、感謝します。

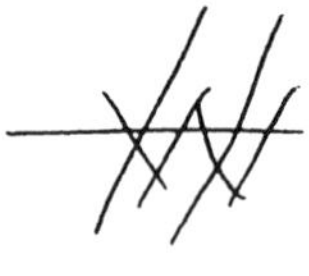

◆生命《いのち》の祈り――Ⅶ

自分自身の完全な癒《いや》しの祈り

天にまします主《しゅ》よ、私はあなたの子どもです、あなたの謙虚なる子どもです。

あなたに私の愛を捧げます。あなたの不断なる愛と祝福に感謝します。

主よ、あなたの生命《いのち》の中に、
あなたの光の中に、
あなたの愛の中に、
私たちを導き、案内し、方向付けてくださいますように、どうぞ、お願いします。

主よ、精神的に、肉体的に、感情的に、霊的に、

そして、あらゆる意味において、完璧な形で、
あなたの完全が私の完全となりますように、
あなたの愛が私の愛となりますように、
あなたの生命《いのち》が私の生命《いのち》となりますように、
あなたの光が私の光となりますように、
どうぞ、お願いします。

主よ、この祝福に感謝します。
主よ、あなたの愛に感謝します。

主よ、私が、安らぎと生命《いのち》と光と愛と完全さの中で、
あなたの地球と一緒になりますように、
あなたの天国と一緒になりますように、
あなたと一緒になりますように、
創造物のすべてと一緒になりますように、

私自身と一緒になりますように、
心が感情と一緒になりますように、
感情が身体《からだ》と一緒になりますように、
どうぞ、お願いします。

主よ、精神的に、肉体的に、感情的に、霊的に、
そして、あらゆる意味において、完璧な形で、
あなたの完全が私の完全になりますように、
あなたの愛が私の愛になりますように、
あなたの生命《いのち》が私の生命《いのち》になりますように、
あなたの光が私の光になりますように、
どうぞ、お願いします。

主よ、この自由に感謝します。
主よ、あなたの愛に感謝します。

主よ、私の癒《いや》しに感謝します。

主よ、生命《いのち》の贈り物に感謝します。

そして、あなたが常に与えてくださる、数多くの贈り物に感謝します。

天にまします主よ、私はあなたの子どもです、あなたの謙虚なる子どもです。

あなたに私の愛を捧げます。あなたの不断なる愛と祝福に感謝します。

私は全宇宙のあなたの創造物を、すべて祝福します。

私は、この宇宙全体を私の愛で満たします。

私は祝福します。地球を、月を、諸々の惑星を、太陽を、星のすべてを、天体のすべてを。

私は祝福します。樹木を、植物を、花を、川を、湖を、海を、魚を、鳥を、風を、虫を、動物を、人間のすべてを、地上の生きとし生けるもののすべてを、全宇宙の生きとし生けるもののすべてを。

私は、自由と生命《いのち》と癒《いや》しの贈り物を祝いながら、すべての物、すべての時、すべての宇宙、すべての次元を、私の愛で満たします。

今、この時に、そして、永遠に。

天にまします主よ、感謝します。主よ、感謝します、感謝します。

◆生命《いのち》の祈り――Ⅷ

感謝の祈り

私は安らぎの中にいます。

私は、私の全存在を生命《いのち》の光に向かって開け放ちました。神に向かって開け放ちました。

私は、尊敬の念と謙虚なる気持ちをもって、目に見え、かつ、目に見えないこの存在と、一つになります。

私は、存在するすべてのものを畏《おそ》れ、敬います。

人生におけるこの新しい視野と展望をもって、私は外に向かって手を伸ばし、内面に向かって手を伸ばし、完全で幸せに満ちた、健康で正常な身体と心とスピリットが、私のものであることを宣言します。
私はこの人生を生きる中で、過去の問題や病《やまい》のすべてから解放され、完全にして自然そのものの健康を取り戻します。

私は自由に生きます。
私は健康に生きます。
私は生きます。

天にまします主よ、感謝します。主よ、感謝します。主よ、感謝します。
今、この時に、そして、永遠に。
主よ、感謝します。
アーメン。

◆新たにもたらされた生命《いのち》の祈り――

祖先のための祈り

主《しゅ》よ、私自身のために、私の配偶者のために、私たちの家族全員のために、私たちの関係すべてのために、私たちの祖先全員のために、あらゆる時までさかのぼる祖先のすべての関係のために、お願いします。

主よ、私たちが皆、完全にそして完璧にゆるすことができますように、完全にそして完璧にゆるしてもらうことができますように、完全にそして完璧に自分自身をゆるすことができますように、どうぞ、力をお貸しください。主よ、どうぞお願いします。主よ、感謝します。（3回繰り返す）

主よ、私たち一人一人をあなたの愛で満たしてください。私たち一人一人に、完全な安らぎをお与えください。今、このときに、そして、永遠に。主よ、どうぞお願

いします。主よ、感謝します。（3回繰り返す）

主よ、あなたの愛に感謝します。あなたの祝福に感謝します。あなたが毎日与えてくださる、生命《いのち》の贈り物と、数多くの贈り物に感謝します。主よ、感謝します。主よ、感謝します。主よ、感謝します。（3回繰り返す）

アーメン。

※「祖先のための祈り」の使い方

〈生命《いのち》の祈り〉を30日間、ないしは60日間連続して唱えますと、一定の波動が確立されます。その後も祈りを続けるわけですが、時間があまりないようなときには、〈生命《いのち》の祈り〉Ⅰ、Ⅱ、Ⅶが作り出す波動を、「祖先のための祈り」で換えることも可能です。順序として、「祖先のための祈り」、Ⅲ、Ⅳ、Ⅴ、Ⅵ、Ⅷとなります。時間があまりないときなど、この順序で祈りをするとよいでしょう。実験してみてください。

2011年改訂版より追加された祈り

豊かさの祈り

主《しゅ》よ、私のハートとマインドと存在を、どうぞ開いてください。
あなたの、完璧で、限りがなく、豊穣《ほうじょう》な、豊かさと愛に向けて
私のハートとマインドと存在を、開かせてください。

主よ、私の考えること、語ること、おこなうことのすべてが
あなたの、完璧で、限りがなく、豊穣な豊かさと愛で
満たされますように
どうぞ、力をお貸しください。

主よ、あなたの天国と地上の富と豊かさで
私が常に祝福されることをお許しください。

主よ、あなたの生命《いのち》の中に、あなたの光の中に、あなたの愛の中に、
あなたの完璧で、限りがなく、豊穣な豊かさと愛の中に
私を導き、案内し、方向付けてくださいますように、お願いします。
そして、あなたからの贈り物である生命《いのち》を
今、この時に、そして、永遠に、祝うことができますように
お導きください。

主よ、感謝します。主よ、感謝します。主よ、感謝します。
主よ、感謝します。主よ、感謝します。主よ、感謝します。
主よ、感謝します。主よ、感謝します。主よ、感謝します。

アーメン。

〈生命《いのち》の祈り〉によって癒《いや》された人々の物語

✦エディスト島のウィルバー・カイザーの場合

ウィルバー・カイザーと知り合ってかれこれ25年になります。彼はエディスト島で小さな店を営んでいます。海岸に面した万屋《よろず》で、「ザ・エディストニアン」という名前の店です。エディスト島は、サウスカロライナ州沖にあるさんご礁からなる島々の中で、おそらくは最大級の島です。ウィルバーは生まれてこのかた、人生のほとんどをこの島で過ごしてきました。人間としてもとても立派な人で、ローマカトリック教の信者さんです。奥さんとの間に子どもがたぶん5人いたと思いますが、とにかく、すばらしい人たちです。

そのカイザーが最近、ガンにかかっていると診断されたのです。結腸ガンだったと思います。ポリープがいくつか見つかって、それを調べるためにバイオプシー（生体組織検査）をおこなったところ、ガンであることがわかったのです。医師たちは、手術か化学療法のどちらか、あるいは、両方実施する必要があるかもしれないと彼に告げました。医師たちの診断と見通しは非常に深刻なものでしたから、奥さんはほんとうに気も動転せんばかりという状態でした。

息子のマシューが電話してきて、私にこう言ったのです。「助けてください。どうか家にきて父親を診てもらえませんか?」。私はすぐにウィルバーに電話するからとマシューに言いました。それからすぐにカイザーに電話して、少なくとも30分は話したと思います。そして、この病気を創り出している彼の生活のさまざまな状況について説明しました。そうすることで、なぜ病気にかかっているかを理解してもらい、病気を治す力を彼に与えようとしたのです。状況はそれほど深刻なものではありませんでした。

ともかく、二人で話をして、「ゆるしの祈り」を二人で声をあげて唱えました。それから、私は彼のために静かに祈りました。そして、彼の気分をよくし、生活のさまざまな悩みや問題を取り除くために、どういうことをすればよいかいくつかの提案をしました。

彼は私に言われたことをすべて実行して、数日後、お医者さんのところに行きました。5日後だったかと思います。すると、ガンは跡形もなく消えていたのです。彼はもう病人ではなくなっていました。言うまでもないことですが、ウィルバーは大喜びで家に帰って奥さんに言いました。「ガンがなくなってしまったよ」。彼は奥さんを抱き上げて喜び、二人で飛び上がって喜んだのです。嬉しくて嬉しくて仕方がなかったのです。

ところで、ウィルバーは非常に気持ちの穏やかな人です。どんなことにも興奮したりする人ではありません。でも、このときばかりは嬉しさのあまり奥さんと一緒に飛び上がって喜んだのです。なにしろ、ガンが治ったと診断されたのですから。ウィルバーは毎日毎日をこれまでよりも深い感謝の気持ちをもって過ごしています。奥さんと二人でこれまでよりももう少し人生を楽しんでいます。そろそろ60歳ぐらいだと思いますが、奥さんと一緒に旅行をしたり、いろいろなことを一緒にやって人生を楽しんでいます。これまでよりもそういうことがずっと多くなったようです。ゆっくりしたペースで生活しているのです。のんびりとね。

これまでは仕事のやりすぎだったのです。それで、今はちょっと一休みして、気楽に仕事をしているというわけです。彼は今とても幸せで、毎日、神様に感謝しながら生活していま す。ガンが治って健康になったことに対して、すばらしい家族に対して、この美しい地球に対して、この地球に住んでいるすばらしい人々に対して感謝の気持ちを抱いて生活しているのです。エディスト島のウィルバー・カイザーの話でした。

✦エディスト島の女性の話

エディスト島に住んでいる女性がいます。かなりのお年のご婦人です。名前は伏せておくことにしますが、彼女の家は海岸の近くにあって、とても美しい環境の中で生活している人です。その彼女が乳ガンにかかりました。私は彼女の家に行って、事情を聞き、言葉を使ったり、時には、沈黙のまま彼女に治療を施し、一緒にゆるしの祈りを唱えました。それは安らぎを生み出す祈りです。この祈りを30分か40分は唱えたでしょうか。

それから1週間後、乳ガンであると診断した先生のところに行きました。すると、彼女の乳ガンはすっかり姿を消していました。乳ガン以外にもいろいろな病気があったのですが、それも全部すっかり良くなってしまったのです。なぜこれが起こったかといえば、静かに祈りの言葉を唱えただけなのです。それも、それほど長い期間おこなったのではありませんでした。私が彼女のために創った短いお祈りを唱えることですっかり健康になったのです。

彼女は再び健康を取り戻したことにとても感謝しながら生活しています。74歳か75歳だと思います。とてもよい人で、エディスト島に住んでいます。

✦友人のロジャーの話

ロジャーと私はコロンビア市の中学校と高校で一緒でした。彼の姓は言わないことにします。と言うのは、彼は自分に起こった癒《いや》しについて誰にも話したことがないからです。この出来事は彼にとっても、彼の家族にとってもなんというかショックだったと思うのです。あまりにも常識的な理解を超えているために、それが直視できないのかもしれません。

ロジャーが20歳の時のことです。入院先から回復の希望なしということで、自宅で最後のときを過ごすために家に帰ってきたのです。彼の体重は30キロしかありませんでした。20歳の男性がです。髪はほとんど抜け落ち、肌の色は紙のように真っ白でした。彼は両親の家の居間に置かれた簡易ベッドの上に、胎児のような姿勢で横になっていました。生命《いのち》はあと一日か二日しか持たないだろうという状態でした。

そのころ、私は人々を癒《いや》すにはどうすればよいかについての情報を得るという体験をしてから6週間ほどたっていました。私は彼に電話をしました。ロジャーが重病にかかっていることを聞いた私は彼に言いました。「ロジャー、僕が知っていることを使えば、君を助けられるかもしれない」。彼はぜひ来てほしいと言いました。中学校時代の私を覚えていてくれたのです。そこで、彼の家に行って話をしました。まず、これまで何らかの問題があった人と和解をするようにと話しました。それから、借りているお金があればすべて返すこと、これまで自分を傷つけた人をすべてゆるすようにとも言いました。自分を傷つけた人たちに電話をして仲直りをすること。傷つけたことがある人たちに電話をしてゆるしてくれるようにと頼み、それから、人を傷つけた自分自身をゆるすこと。それから、家族の一人一人に謝罪すること、そして、家族の一人一人が彼に謝罪すること、そして、お互いの目を見て、愛していると口に出して言い、ハギング（抱きしめること）をするようにと言ったのです。

ロジャーはこれを一日目にすべてやり遂げることができました。私は彼と1時間半ほど一緒に過ごしたでしょうか。その後で彼は私が言ったことをすべてやったのです。次の日会いに行くと彼はまっすぐに立って歩くことができました。その前の日は胎児のような姿勢でベッドに寝ていたのです。私が教えたほんとうに単純なテクニックを使うことで、これだけの力がよみがえって、癒《いや》しを受け取るだけの準備がととのったのです。

二日目に彼のところに行き、祈りを一緒に唱えました。それから、彼にこう聞いたのです。

「完全に治すのにどれだけの時間をかけたいと思う?」。すると、彼は「30日」と答えました。それから私は別な質問をしました。「この病気を治してもらいたい? それとも、治す過程に君も一緒にかかわりたい?」。彼は「自分もかかわりたい」と答えました。そこで、私は彼が30日で病気を治すためのプログラムを作りました。彼はいろいろなガンにかかっていました。睾丸のガン、肺ガン、脳腫瘍、それから肝臓ガンにもかかっていたと思います。7年ほど闘病生活をしていたのです。

彼のために作ったプログラムは次のようなものでした。毎朝、起きるとすぐに搾《しぼ》りたてのオレンジジュースとグレープフルーツジュースを飲む。午後には、搾《しぼ》りたてのキャロットジュースを2杯飲む。肉の摂取量を減らして、できるだけ生命力が失われていない食べ物を食べるというものでした。肉を食べたいという時には、七面鳥か魚、あるいは鶏肉を少しだけ食べることにしました。

それから、ストレスの原因になるものはすべて取り除くことにしました。なにしろ、彼はこれ以上考えることができないほど衰弱していました。20歳の男性が30キロしかなかったのですから。そこで、私は暴力的なものはすべて排除したほうがよいと考えました。というわけで、テレビは見ないという方針をとったのです。自然についてのプログラムは例外にしました。ラジオも聞かないことにしてもらいました。新聞も雑誌も読まないことにしました。何かを読みたい場合には聖書を読んでもらうことにしました。聖書の中でも、マタイによる福音書、マルコによる福音書、ルカによる福音書、ヨハネによる福音書に限ることにしました。というのは、この4書は聖書の中でも癒《いや》しについて語っているものであり、地上の癒《いや》し人であったイエス・キリストの生涯について語っているからです。イエス・キリストは神が人間に遣わされた特使であり、人間が持っている限りない可能性を人間に示すために私たちのところに来てくださったのです。イエスはこう言われました。「私がおこなう業《わざ》をおこない、また、それよりも大いなる業《わざ》をあなた方はおこなうだろう」。

私が話していることはキリスト教という一宗教の話ではなく、宗教を超えたものです。いずれにしても、ロジャーはキリスト教徒で、ローマカトリック教徒であったので、聖書を読みたければこの4書をどうぞ読んでくださいと言ったわけです。何か音楽を聴きたければクラシックを聞いてもらうことにしました。といっても、あまりたくさん聴くというのではありませんでした。それから、毎日外に出て日光浴をし、さらに、木陰に座るという日課を守ってもらいました。外の新鮮な空気を胸いっぱいに吸い込み、大地のさまざまな音に耳を傾けてもらったのです。こうしたことをすることによって、暴力的なものから遠ざかり、エネルギーを奪い取るものを避け、体がエネルギーをためこんで自らを癒《いや》すことができるようにしたのです。それ以前に、彼のエネルギーをクリアにし、浄化するという作業も完了していました。彼の肉体が再び健康を取り戻すためには、まずエネルギーレベルの癒《いや》しも必要だったのです。

ロジャーは私が指示したことをしっかりとやりぬきました。そして、30日後、ロジャーは全快しました。ガンが完全に治ったと宣言されて30日後に就職し、さらにその30日後には学校に戻りました。これは27年前のことです。5年ほど前に彼は結婚し、最近、中国の女の子を養子にしました。もう一人、中国人の子どもを養子に迎えようと計画しているようです。現在、コロンビア市の仮釈放者担当官ならびにカウンセラーの仕事をしていますが、私が知っている限りでは、それ以来特にこれといった病気にかかったことはないようです。彼は30日間というごく短い期間に非常に多くのことを学び、文字通り死の床からよみがえることができたのです。あと数日で死ぬしかないといった状態であっても、奇跡的に病を癒《いや》すことは可能であることを、彼は身をもって証明してくれました。私はロジャーのことをとても誇りに思っています。私が授かった能力を用いて最初に癒《いや》すことができたのがロジャーでした。

✦コールマン・ハドソンの場合

ある日、私が経営しているマットレスの会社に一人の若者が来ました。4歳になる甥がガンにかかっているのだけれど、何とか助けてもらえないだろうかという相談でした。私を訪ねてきた若者の名前はコールマン・ハドソンというのですが、実は彼が10歳のときに、私からヒーリングしてもらったことがあるのです。彼の名前ははっきり出して差し支えありません。というのは、彼は自分が奇跡的な癒《いや》しを体験したことを隠し立てなどしていないからです。実際に体験した奇跡的な癒《いや》しを人にもずいぶん話してきた人です。家族もそのことはよく知っているのです。

コールマンは10歳のときに複雑骨折で、右脚を5箇所も骨折して、ほんとうにひどい目にあったことがありました。母親によると、身体の右側に8種類ものギプスをしているということでした。8種類のギプスを8ヶ月つけていたのに、骨はぜんぜん回復していなかったのです。

24年前のある朝のこと、私はたまたまある店に買い物に入ったのです。すると、コールマンが松葉杖をついて母親と一緒に店に入ってきました。「どうしたの?」と私が聞くと、母親が答えました。「複雑骨折なんです。5箇所に複雑骨折があって、もう8ヶ月半もギプスをつけているのに、骨がつかないんですよ」。

私はコールマンを見て聞きました。「君、その脚を治したいかい?」。すると彼は私を見て答えました。「はい、治したいです」。私は、「それじゃ、このドアを歩いて外に行ってごらん」と言いました。この店の建物の後ろ側にはガラスのドアが二つあって、それを押せば外に出ることができました。彼はおかしな顔をして私を見たので、「脚を治したいのなら、このドアを通って外に行くんだよ」と私はもう一度繰り返しました。彼は松葉杖を使ってドアを通り抜けて外に出て行きました。私は彼の母親に、「すぐ戻ります」と言って彼の後に続きました。

店の外に出た私たちは、建物の横に行き、そこで2、3分話をして、それからヒーリングをおこないました。ヒーリングに費やした時間はせいぜい5分ぐらいだったと思います。いろいろな話を少しして、そのあとは静かにヒーリングしたのです。私がヒーリングしている間に、彼に深呼吸をしてもらいました。そうすることで、ヒーリングのプロセスが楽になるからです。ここでヒーリングを5分間おこないました。すると、「それで十分です」という声が聞こえたような気がして、私自身もこれでよいと感じました。

そこで、先ほどのドアを通って再び店の中に入り、待っていた母親にこう言ったのです。「彼の脚は治りました。お医者さんのところに連れて行って、ギプスをはずしてもらうとよいでしょう」。彼の母親は狂人を見るような目で私を見て言ったものです。「精神病院に電話したほうがよさそうね」。私は言いました。「脚は治ったのだから、今、ここでギプスをはずしてもよいのですよ」。

「そんな馬鹿な、でも、明日専門医のところに行くことになってますから。ヒルトン・ヘッド島の専門医を紹介されたのです」。私も答えて言いました。「ああ、それはよい。X線の撮影で確認してもらって、それからギプスをはずしてもらうとよいでしょう」。彼女は狂人を見るような目で私を見て、「一体そんなことがあるかしら」と言いました。

翌日、彼女は10歳のコールマンをその専門医のところに連れて行ったのです。ヒルトン・

ヘッドのお医者さんのところです。それですぐにX線写真を撮りました。その前日にチャールストンでもX線の撮影をしていましたが、そのときはまったく治っていなかったのです。

しかし、この専門医はコールマンの脚のレントゲンを見ると、すぐに母親を呼びました。「ハドソンさん、レントゲンを見てください」。そして、レントゲンを指差しながらこう言ったのです。「彼の脚は完全に治癒していますよ。骨折していた脚のほうがもう一方の脚よりもしっかりしているように見えるほどです。ギプスをはずしましょう」。ベティー・ハドソンは驚きのあまり言葉につまってしまいましたが、とにかくコールマンの脚をくるんでいた石膏を取ってギプスをはずし家に帰ったのです。

私はコールマンに一つの約束をさせていました。この祈りによって脚が治ったことを誰にも話さないこと、特に、彼の母親には話さないようにと約束させたのです。その理由は、彼女があまりにも疑っていたからでした。それで、「君のお母さんには決して話してはいけないよ」と彼に言っておいたのです。それから、24年たちますが、彼はあの日、店の外で何があったのかをまだ母親には話していないのです。母親は何度も彼に聞いたに違いありませんが、一体何があったのか知らないのです。

しかし、一つの事実は知っています。彼が完全に治ったという事実です。彼は10年前に結婚して、元気でやっています。家具のセールスマンをしていて、全国を飛び回っています。時々、私のところに顔を見せに寄りますが、今でもあのときのことを感謝してくれます。あいう体験をしましたから、癒《いや》しには関心があるようです。それで、先日、彼の甥ごさんのことを話しに来たというわけです。

✦ある政治家の体験

最近のことですが、サウスカロライナ州ではよく知られた政治家が私に会いにきました。名前は伏せておくことにします。彼は多発性硬化症に悩まされ、歩くこともままならない状態でした。転んだりすることも多く、非常に大変な状況だったのです。多発性硬化症は全身の筋肉が徐々に麻痺してだめになってしまうという病気ですから、診断を下したお医者さんたちも同情のあまり叫び声をあげたほどでした。なにしろ、彼はサウスカロライナ州の政治家のリーダーなのですから。友人に勧められて私に会いに来たというわけでした。

私が経営しているマットレスの会社に来たのですが、椅子に座ってもらってしばらく話をしました。以前に会ったこともあり、いろいろな話を10分か15分ぐらいしました。まず彼が置かれている状況について理解することから始まって、他人と和解することの大切さ、ゆるすことの大切さをわかってもらいました。すると、まったくの話、10分ほどで彼の多発性硬化症が治ってしまったのです。それから、さらに40分ほど一緒に話をしてから帰っていきました。

彼は二つの病院で多発性硬化症の診断を受けていました。それがこのようにして治癒したのです。それから、何の問題もなかったのですが、6週間ほど間を置いて、ボルチモアのジョンズ・ホプキンス病院に診断を受けに行きました。そこで、完全に何の問題もないと太鼓判を押されて、今はまったく不自由なく政治家として活躍しています。

✦ある医師の息子さんが体験した癒《いや》し

これはあと3ヶ月しか生きることはできないと言われた男性の話です。彼の義理の父親は、ある医科大学の学長で、精神科医でした。義理の息子である彼は転移性のリンパ腫のために死にかけていました。これはリンパ腺のガンで、それ以外に、胃、直腸、内臓もガンにおかされていました。直腸から毎日1リットルもの出血があり、生命《いのち》を永らえるために毎日輸血を受けていました。

彼は何とかよくなりたいと思って、私に電話をしてきました。5度ほどかけてきたと思います。それで、私もついに彼と会うことにしました。2時間と15分ぐらいかかったでしょうか。2時間15分後に、彼のガンはすべて姿を消してしまったのです。出血も止まりました。

そこで、彼はチャールストンの病院に行きました。いろいろな機械で彼を調べた医師たちは、機械が故障しているようなので、後でもう一度来てほしいと言うのです。ガンの形跡がぜんぜん見えないので、もう一度、機械をチェックしたあとで検査したいというわけです。CATスキャンやMRIといった最新の医療器械の話です。病院側では機械をすべて点検して、再び彼を診察しましたが、ガンの形跡は見つかりません。何度やってみても同じでした。とにかく、彼のガンはすべて治癒したのです。

この話にはいくつかのおもしろいエピソードがあります。このことがあって、彼の義理の父親が私を夕食に招待してくれました。食事が終わって他の人たちが食卓を離れて、この父親と私だけが後に残りました。食事中、私たちは言葉を交わすことさえしていなかったのですが、彼は私をなにか変なものでも見るような目で見ました。彼の様子から、義理の息子が全快したことに腹を立てていることが伝わってきました。彼のエゴの気に障ったのかもしれません。なにしろ、彼の医科大学の６人の専門医が治療にあたってどうにもできなかった病気が、どこの馬の骨ともわからないような私が、浄化の儀式《リチュアル》をやって治してしまったのですから。

彼は私にこう言いました。「君は神様のつもりじゃないだろうね」。「神様だなんて言ったことは一度もないですよ」と私は答えました。実際、彼にはこの癒《いや》しについて何も話していませんでした。

もう一つの興味深いポイントは、その若者が死にそうになった理由の一つは、麻薬の密売にかかわっていたことでした。もちろん自分でも麻薬をやっていましたし、奥さんを裏切っては情事を楽しんでいたこともありました。保険金目当てに自分の家に火をつけたり、酒は飲むわ、女と遊びまわるわという生活をしていたのです。そういったことのすべてを話し合い、プロセスをやることによって彼のガンは治ったのです。彼を癒《いや》す儀式《リチュアル》では、火と水と土を使いました。

彼はその後10年間、健康な生活を送りました。ところが、ある日彼はこう思ったそうです。「もう10年も身体に何の問題もないのだから、昔やっていたことをまたやってみようか」。麻薬の密売などの行為が病気の原因になったことを知って、10年間はやめていたことをそろそろ復活させてもよいだろうと思ったわけです。ところが、そういうことを始めるや否や、直腸の出血が再び始まったそうです。彼があわててそういう行為を止めたのは当然でした。癒《いや》しを可能にしてくれたスピリットとの間には約束があったのです。その約束を破れば、癒《いや》しという贈り物は返さなければならないのです。この話は、彼が私のところに来て話してくれたものです。

『生命《いのち》の贈り物』がどのように創られたか

『生命《いのち》の贈り物』がどのようにして、いつ、なぜ、創られたのかお話ししたいと思います。私が27年前にスピリットによる接触を受け、無意識の状態になったときに、ある情報が私の内部にコード化されて埋め込まれました。その情報がこの『生命《いのち》の贈り物』という形で現れているのだと思います。この祈りの中に癒《いや》しをもたらす情報が入っているのです。その情報が言葉の中に込められていると言ってもよいでしょう。この言葉をはっきりと発音することが大切です。与えられた組み合わせで、これらの言葉を発するとき、カルマのエネルギーが解放され、否定的なエネルギーや害をなすエネルギーをすべて解き放ってくれるのです。

この祈りは神聖なる存在の導きのもとに、いくつかの目的を達成することを念頭において与えられたものです。まず第一に、人々に癒《いや》しをもたらし、人々の生活に大いなる変容をもたらすことです。この祈りを用いることによって、生命《いのち》についての理解を促進し、生命《いのち》の自由についての理解を深め、さらに自由を拡大できるようにする。そうすることによって、ますます神との一体感を増やし、より高い意識へと導く、こういう目的がありました。

私たちは誰でも、神から生まれている存在ですから、神の全体意識の一部です。しかし、この地上で暮らしているがために、意識に靄《もや》がかかり、私たちの意識は４パーセントか、高くとも８パーセントぐらいしか働いていません。そういうわけで、この祈りは人間を解放して、聖なるものとの一体感を体験することによって意識を拡大するためにもたらされたのです。

この祈りを道具として毎日使えば、この人生でのさまざまな可能性に目覚めることもあるでしょう。

この祈りは一つのガイドラインであると言ってもよいでしょう。これによって、聖なる存在とコミュニケーションをはかるための一つのお手本が示されているわけです。したがって、この祈りは、特定の宗教の言葉によらずに、できるだけ普遍的な言葉から成っています。この祈りは、人類すべてのためのものであり、神という呼称にこだわる必要はありません。神聖なる存在を表現するものとして神と言っているのですから、それぞれが好きな言葉を使ってかまいません。

〈生命《いのち》の祈り〉の1番目の祈りは、もともとは、不可知論者のためにデザインされたものです。ですから、これはウォーミングアップの役割を果たす祈りと言ってもよいでしょう。この祈りでは、神という言葉は使われていません。神に助けを求めるということもありません。ただ、心の安らぎのために祈るものです。これは、安らぎとゆるしの祈りです。

祈りの中には、最初、特定の人のために創られたものもあります。1番目と8番目の祈りがその例です。8番目の祈りは、ある女性のために創られました。彼女は非常に重い関節炎に悩まされていて、ほとんど身体を動かすことができないような状態でした。この祈りを唱えることによって、プラスのエネルギーに焦点を合わせ、癒《いや》しのプロセスを促進することができるようにという意図から生まれたのです。90年代の前半のことでしたが、今では彼女はかつて悩まされていた痛みから完全に解放されています。

私は聖なる存在の導きのもとにこれらの祈りを書きました。人々を癒《いや》すお手伝いをさせてもらってきましたが、そこで、一つ理解したことは、癒《いや》しの源になってくれた存在を忘れないようにしなければならないということです。〈生命《いのち》の祈り〉はそういうニーズから自然に生まれたのです。この祈りを唱えることによって、癒《いや》しをますます深いレベルで起こすことが可能になります。こうして、93年から97年にかけて〈生命《いのち》の祈り〉が誕生しました。その誕生のプロセスではいろいろなことがありました。

あるとき、ノースカロライナ州から一人の女性が訪ねてきました。肺ガンと何か別なガンも併発しているという診断を受けて、ご主人と一緒にやってきたのです。あと1ヶ月か2ヶ月の生命《いのち》だと医師に告知を受けていました。それで、私は彼女と一緒に一連のプロセスをおこないました。それから、4ヶ月して、電話がかかってきて彼女がこう言ったものです。「ウィルズさん、あなたがやってくださったことが効いているようなのです。もう一度会いに行ってもよいですか?」。

そういうわけで、彼女が再び訪ねてきました。今回はもうすこし深いレベルまでおこない、1時間と15分くらいの時間をかけたと思います。それで彼女は家に帰っていきました。97年だったと思います。そのころ、〈生命《いのち》の祈り〉は5つまでできていたのですが、その5つの祈りを送りますと彼女に約束しました。

それからしばらくして、その祈りを送ったのですが彼女のところに到着したのはある土曜日でした。

彼女はご主人と買い物に出かけていて、帰ってきたときには雨が土砂降りになっていたそうです。いったん家に入った後、彼女のご主人が郵便をとりに外にあるポストに行きました。すると私が送った〈生命《いのち》の祈り〉があったので、居間のソファに座って二人一緒に祈りを読みました。このご夫婦は当時ちょうど70歳だったと思います。

こうして二人で祈りを読んで、とても気分がよくなったそうです。まだ表は土砂降りでしたが、ご主人は出したい郵便物があって郵便ポストに出しに行きました。すると、門から玄関までの車道の一部がまるっきり乾いていることに気づきました。車の大きさぐらいの広さのところだけ雨がぜんぜん降っていなかったのです。そこだけ真空地帯か何かのようにぜんぜん濡れていないのです。彼は傘《かさ》をさしてその場所に行ってみました。するとその路面にイクサスの魚のしるしがはっきりと見えたそうです。これはイエス・キリストのシンボルです。それは炎で焼かれたかのように路面に浮かび上がっていました。魚を描いている線の太さは10センチほどで、魚そのものは1メートル強の大きさでした。彼は非常に驚いて、奥さんにも見せました。近所の人の中にこのサインを見た人もいましたが特に何も言わなかったそう

注）イクサス（ICTHUS）
「魚」はキリストのシンボルで、古代ローマの地下の墓地のカタコンベの壁面に線描きの魚の絵が見られる。ギリシャ語の「イクサス」に由来している。「イエス・キリスト・神の子・救主」をギリシャ語で「イエス・クリストス・テウ・ヒュイオス・ソテール」（Iesous=Jesus, Christos=Christ, Theou=God's, Uios=Son, Soter=Savior）という単語の最初の字を一つずつ取って合わせた単語が「イクサス」で魚がシンボルになった。

です。なんと言ったらよいのかわからなかったからでしょう。

それからしばらくして、クリスマス直前に、この女性は病院に行って検査を受けました。ガンは完全に姿を消していました。彼女の娘さんが私に手紙をくれて、魚の写真も送ってくれました。その手紙の中で、母親が快癒して家族がとても喜んでいること、路上に浮かんだ魚の絵によって、家族の信仰心が高められ、人生観も新しいレベルまで引き上げられたことなどが書かれていました。

これは〈生命《いのち》の祈り〉に関連して起こった物語の一つです。このことがあってまもなく〈生命《いのち》の祈り〉は完成しました。この祈りは全体的な性質をもった祈りです。というのは、あなたがこの祈りを使って祈るとき、あなた自身のためにだけ祈るのではなく、あなたがかかわったすべての関係のために祈るのですから。この祈りは慈悲の心がより高い祈りであるともいえます。他の人のためにする祈りでもあるのですから。他の人のために祈れば、自分自身もまたさらに深いレベルで力づけられ、助けられることになります。

〈生命《いのち》の祈り〉が完成したのは98年の初めだったと思います。それ以来、多少言葉に修正を加えていますが、基本的には、最初に啓示を受けて書いたときのものと同じものです。

1974年ごろから始まったのですが、当時はこの祈りにはより大きな使命があるなどとは思ってもみませんでした。私が受け取った情報によれば、この祈りは世界中の人と分かち合うべきものなのです。

1998年に〈生命《いのち》の祈り〉は完成したわけですが、さらに二つのセットの祈りが来ることになっていて、それによって、祈りはさらに深く、広く、強いものになるだろうことが明らかにされました。すべての祈りがそろった段階で、祈りは最終的には3つか4つになるだろうと思われます。おそらくは4つの祈りがすべてを包括するということになるでしょう。この祈りによって、浄化と解放と和解と自由がさらに深遠なるものとなるでしょう。それらの祈りは現在私のところに来つつあり、あと1、2年で完成すると思われます。

公式に発表する準備ができたときには、アメリカ中の人々がこの祈りを活用して、人生をより豊かなものにしていく力になることでしょう。これは本当に美しい祈りです。人類にとってすばらしい結果をもたらしてくれるこの祈りのメッセンジャーであることを幸せに思っています。

この度、〈生命《いのち》の祈り〉が日本語に訳されて出版されることになりました。これによって、日本の兄弟たちは〈生命《いのち》の祈り〉の助けを借りて、神から受けるべき祝福を自分のものとすることができるでしょう。私たちが受け取る祝福には限界はありません。祝福の中でも最高の祝福は神を自覚することです。神の存在を自覚し、確信することこそ最高の祝福です。私たちの創造主であり、ありてあるものすべてを司る神。その神の存在と力と現実に直結すること、これほどの祝福はありません。

私たちに理解できるもっとも深遠な事実とは何でしょうか。すべてのもの、肯定的なものも否定的なものもすべては神の顕現であると知ることです。あらゆるものが神に発しています。すべての事柄はレッスンであり、私たちが学び、目覚めるためにあります。病気は私たちが成長するための機会を提供してくれます。病気によって、自分の人生を見つめ、何が機能していないのかを見て取り、問題を解決して、さらに前進するための機会が与えられます。人生は倒れたら立ち上がれないというものではありません。倒れても、自分で立ち直ったり、人の助けで立ち直って、そこから歩みつづけることができる、それが人生です。

食べ物が床にこぼれてしまったら、かがんで食べ物を拾い、掃除をするだけのことです。

人生も同じです。何か間違いを犯したら、ひざまずいて訂正するために必要なことをやって、さらに進んでいけばよいのです。これも神が私たちに与えてくださる祝福の一つです。神は私たちが間違いを犯したからといって、裁いたり、追い詰めるようなことはしません。そうではなく、間違いをしたならばその間違いを訂正し、後始末をして、次にはもっとうまくやることができる機会をくださるのです。

誰もがこの現実に目覚める必要があります。そして、この認識を踏み台にして自分の人生を改善していくのです。人生は転んだら転んだままというようなものでありません。転んだら自分で立ち上がって、間違いから教訓を学んで次回にはもっとうまくやっていく、そして、正しい道にとどまる努力をしていく、それが人生です。

しかし、〝正しい道〟かどうか、どうすればわかるのでしょうか。それは内なる声に耳を傾けることです。あなたの奥深いところから聞こえる静かな声に耳を傾ければ、それが正しい道かどうかわかります。ですから、心の中で何か深く感じるときには、じっと耳を澄ませることが大切です。なぜなら、聖なる存在があなたにその感情を抱かせて、あなたとコミュニケーションをとって、人生の正しい道を歩むことができるようにしてくれているのですから。注意を払ってください。耳を澄ますのです。じっと観察してください。この道を歩みながらいろいろな学びがあるでしょう。そして、あなたはますます成長を遂げていくことでしょう。成長する中で、あなたの存在性が確立されていくでしょう。

皆さんに神の祝福がありますように。今、このときにあなたが地球にいてくれることに感謝します。あなたの家族に感謝します。あなたの現在と未来に感謝します。あなたのすべてに感謝します。皆で一緒に手を取り合って、小さな太陽系の中にある私たちの惑星を、生命《いのち》あるすべてのものにとってより住みやすい場所にしようではありませんか。ありがとうございます。神の祝福がありますように。感謝します。感謝します。

ハワード・ウィルズ

訳者あとがき

〈生命《いのち》の祈り〉はハワード・ウィルズ氏がチャネルとなって、キリスト意識から伝えられた“Prayer of Life”の邦訳です。“Prayer of Life”はアメリカでも数多くの人々に使われて、さまざまな奇跡を起こしていますが、本としてはまだ出版されていません。したがって、原書よりも邦訳が先に出版されるということになりました。たいへんにありがたいことです。そういうわけで、ハワード・ウィルズ氏から、日本の読者への特別のメッセージをいただき、ますます感謝の思いを強くしております。

人生とは出会いであると最近よく思います。人との出会い、本との出会い、さまざまなるものとの出会い、神聖なるものとの出会い、そして、出会いの中で私たちの人生という夕ペストリーが紡《つむ》がれていく、そのように感じます。それぞれの出会いの中でドラマが生まれ、物語が生まれ、愛の分かち合いがある、人生っておもしろいと思わずにはいられません。この地球上で60億あまりのドラマが、毎日展開されているわけです。

〈生命《いのち》の祈り〉と私の出会いもまた、一つの神聖な物語だったように思います。いや、現在進行形の物語です。この祈りは私が非常な「ゆるし」を必要としているときに、さっと私の目の前に現れました。それは、まるで宇宙が「どうぞこれを使ってください」と言っているかのようなタイミングでした。非常に大切にしていたものを、正当な理由もなく奪われるとき（と私たちには感じられるものです）、私たちは誰かを責めたくなります。あるいは、その状況を恨みたくなります。

『奇跡のコース』"A Course In Miracles"（『奇跡のコース第一巻／テキスト』小社刊）の根本は「ゆるし」にあります。昨年の5月に友人のジェリーの本『ゆるすということ』（ジャンポルスキー著、サンマーク出版刊）を翻訳出版させていただき、たくさんの読者の方々からお便りをいただきました。多くの方々が、愛する人に裏切られた悲しみ、愛してもらえなかったことへの恨みの思い、不当な仕打ちを受けたことへの思い、さまざまな苦しみを味わっておられることが痛切に伝わってきました。

そんな苦しみの中にあって、『ゆるし』という言葉に光明を見出すことができました。ありがとう」という方もおられました。しかし、「ゆるせば自分が楽になれるのはわかっているけれど、どうすればゆるせるのかわからない」という方もたくさんいらっしゃいました。

『奇跡のコース』の教えによると、「ゆるすことは人間のすべきことではない」とあります。人は誰かに不当なことをされた場合にはその「まちがいを見過ごす」ことだと言うのです。「まちがいを見過ごす」とは、まちがいを見つめることなく、まちがいの向こうを見て、まちがいを犯した人の本当の姿を見ることだと言います。ゆるしの仕事は聖霊に任《まか》せればよいのです。聖霊とはスピリット、自分のハイアーセルフ、大いなる自分と考えてよいかもしれません。

具体的にいえば、祈ることです。〈生命《いのち》の祈り〉は、まさにゆるしの祈りです。この祈りは、自分自身を含めたあらゆる人々に対して、すべての生きとし生けるものに対して、時空間を越えて、ゆるしを祈るものです。この祈りをもたらしてくれたハワード・ウィルズ氏によれば、これらの言葉を信じる必要すらないと言います。必要なことは、無邪気に、かつ、謙虚な気持ちで祈るだけであると、彼は何度も繰り返して言っていました。

私も無邪気に祈らせていただきました。1日に3回、声を出して、1ヶ月の間、この祈りを読ませていただきました。その結果、ゆるせないと思っていた状況や人を実に軽やかな気持ちで見ている自分に気がついたのです。自分という存在が実に軽やかになってしまったと感じました。人を裁くことをやめた結果、自分が裁かれるということへの怖れもまったくなくなってしまったかのようでした。

それ以来、ゆるせないがために苦しんでおられる方から手紙をいただいたときには、この祈りをシェアしてきました。妻のジャネットと共におこなっている「安らぎのワークショップ」の中でもシェアしてきました。参加者の方々には、家に帰ったらどうぞ謙虚な気持ちでシェアしてくださいと申し上げてきました。

ある奇跡を体験した人の話を紹介しましょう。仮にAさんと呼ばせてもらうことにします。Aさんは3年程前に詐欺罪に問われて投獄されました。しかし、Aさんには身に覚えのないことで、お金を一銭も儲けたわけではなく、ただ利用されたということがわかりました。主犯の人物がいて、この人が何千万円ものお金を騙し取っていたのです。Aさんは獄中で私の本を読んで手紙をくださり、私との間で文通が始まりました。最初のころの手紙では、Aさんは主犯の人に対する恨みつらみをいろいろと書き連ねておられました。私が『ゆるすということ』をプレゼントするとすぐに読んで手紙をくれました。その中で、「ゆるさなければならないのでしょうが、なかなか気持ちがついていきません」という意味のことが書かれていました。そこで、私は〈生命《いのち》の祈り〉を送ってあげました。それから、数ヶ月してAさんから手紙が来て、「奇跡が起きました。」と書かれていました。3つの奇跡が起きたというのです。それは法律上のことで、普通はまったく考えられないようなことが起きて、再審が決まったというのでした。その他に二つのことが書かれていましたがそれはここでは省くことにします。最後に「ところで、今では主犯の人と文通している」と書かれていたのです。「今では彼を恨む気持ちもなく、彼の幸せを願っている」とありました。さらに、それまで罪をすべてAさんになすりつけていた主犯の人が、相当な額のお金を弁済すると申し出たそうです。

奇跡にもいろいろありますが、最大の奇跡は憎しみが愛に変わることではないでしょうか。したがって、ゆるしとはすべて奇跡です。

ゆるそうという気持ちはとても大切です。しかし、『奇跡のコース』も言っているように、人間のゆるしには限界があります。スピリットに、聖なる存在に、ゆるしをゆだねたとき、ゆるしは起こります。〈生命《いのち》の祈り〉はそのための力強い道具となってくれます。必要なことは、ただ無邪気に謙虚にこの言葉を唱えることだけです。読者のあなたが、この祈りを活用することによって、軽々と愛を体験され、喜びと笑いと愛に満ちた人生を創作されることを祈ります。

最後に、本書の出版を快く引き受けてくださったナチュラルスピリットの今井社長、キリストのビジュアルな啓示を受けて本書のデザインを担当してくださった佐倉直海さん、ゆるしの道を歩むパートナーのジャネット、そして、本書をひもといてくださったあなた、大いなるゆるしの物語・ドラマの共演者として、心からありがとうと言わせてください。今、このときに生きることに、喜びと感謝とときめきを感じながら。

２００１年４月25日　大内　博

訳者増補改訂版あとがき

本書の初版が刊行されたのが2001年の4月ですから、それからちょうど10年が経過した今、〝豊かさの祈り〟を追加して出版できることは、訳者の私にとっても実に喜ばしいことです。

〈生命《いのち》の祈り〉はゆるしと感謝の祈りです。今回の〝豊かさの祈り〟が加わることによって完結すると言ってもよいかもしれません。初版が出版されて以来、読者から、新しい祈りはその後どうなっていますかという問い合わせをたびたびいただきました。それを受けて、ハワード・ウィルズ氏と会い、追加することになったのがこの祈りです。

私はパートナーのジャネットと共に〝安らぎのワークショップ〟を主宰しています。この10年の間に、ほぼ40回、日本各地でゆるしを出発点とするこのワークショップを開催してきましたが、常に『生命《いのち》の贈り物』をテキストとして使ってきました。本書には、ハワードさんが体験した数々の奇跡的な癒《いや》しの話が掲載されていますが、この10年間、日本の方々も同じような奇跡的な癒《いや》し、さらに、次元の異なった癒《いや》しも体験されています。ワークショップに参加する方々が、共有してくださる体験は実に多様で、私たちもその中でゆるしと癒《いや》しの深さと多様性に目をみはりながら学んできました。

3つの重病を患い、ベッドに横になったままほとんど動けなかった人が、『生命《いのち》の贈り物』をかろうじて手に持って、落としてしまったときは付き添っているご主人に拾ってもらって、〈生命《いのち》の祈り〉を続けられた結果、一人でお手洗いに行けるようになり、今では数キロも散歩ができるという話を、その方に本書をプレゼントした友人から聞きました。

南米に住む日本人の方からもお便りをいただきました。この方は、アマゾンでテニス関係の本を注文した時に何かの〝まちがい〟で本書を注文してしまったそうです。彼女のご主人は6年間重度のアトピーに苦しんでいて、絶望的な状態でした。それで、夫のために祈ることにして、ご自分の部屋に行って一人で祈っているところにご主人も来られ、黙って敬虔な気持ちで聞いていたそうです。そして、８つの祈りを読み終えたとき、ご主人の紫色に腫れ上がっていたアトピーの症状がすべて消えてしまったそうです。１週間様子を見てもそのまま変わらないので、お礼のお便りをくださいました。

また、ある女性の場合、父親と7年間険悪な関係になってしまって、1年に一度、お正月の時だけ実家に顔を出しても、父親は一言も口を利かず、無視されるだけでした。彼女はそういう父親をひたすら憎むだけだったのですが、ある時、あまりのみじめさに何とかしたいと決意して、「安らぎのワークショップ」に参加され、『生命《いのち》の贈り物』と出合います。それは10月のことでしたが、彼女はそれからずっと祈り続けて正月を迎えます。そして、実家に帰ると、7年間口を利いてくれなかった父親が、まるで何事もなかったかのように話しかけてきたというのです。それ以来、親子のきずなは元に戻っただけでなく、さらに愛情に満ちたものとなり、彼女が家を購入するという話を聞いたときには、援助さえ申し出てくれたそうです。

また別の女性の場合は、実の父親に子どもの時から暴力の虐待を受けていました。それは彼女が結婚してからも続き、娘さんが生まれてからも続いていました。それはあまりにも過激な暴力で、ある時などは彼女の娘さんが「お母さんをどうしても殴るなら、私を殺してからにして」と間に立ってかばってくれたこともあったそうです。しかし、そういう状況の中でも、彼女は自分も苦しいけど父親も苦しいに違いないと思っていました。私たちのワークショップを通して『生命《いのち》の贈り物』と出合った彼女は、父親の腹巻に、〈生命《いのち》の祈り〉を書くことにしました。それからしばらくして、その腹巻をした父親が山に入って、断崖絶壁から飛び降り自殺をはかりましたが、その腹巻が木の枝にひっかかって生命《いのち》を取り留めました。そういうことが2度続いたそうですが、〈生命《いのち》の祈り〉が書かれている腹巻が父親を助ける形になって死ぬことはかなわず、やがて、父親に安らぎが訪れ、今では穏やかになって、一緒に生活しているそうです。

このような話が他にもたくさんあります。私が知らない話もたくさんあるに違いありません。この祈りについてこれ以上の説明・解説は不要なのかもしれません。ただ、無邪気に祈るそれだけでじゅうぶんなのだろうと思います。しかし、少しだけ、私たちのマインドというか頭脳の質問に答えておくのもひょっとすると役に立つかもしれません。それは、

「どのように祈れば奇跡的な癒《いや》しが起こるのでしょうか」

という質問です。この質問の背後には、これを祈っても思うような結果を得ることができなかったという体験もあるかもしれません。私も実はそのようなことを考えたことがあります。「安らぎのワークショップ」の中で相当数の方々と共有してきたわけですが、中には、期待した結果は出なかったと思っておられる方もいらっしゃるかもしれません。この質問に対する答えはこの祈りを通して奇跡的な癒《いや》しを体験された方々の話の中にあると思います。それは、自分ではどうにもならない状況に追い込まれていたということです。

これだけ努力しても、これだけ手を尽くしてもどうにもならない。私は降参する。自分だけではどうにもならない。それじゃ、このゆるしの〈生命《いのち》の祈り〉にすべてをゆだねよう。〈生命《いのち》の祈り〉の背後にある、宇宙の無限の善なる力にお任せしよう。すべてを神にゆだねる。すべてを創造主にお任せする。自分を捨てる。自分を捨てきって、降参して、神にゆだねる。ハワードさんが言っておられるように、ゆだねてお任せする存在は、神、創造主、宇宙の背後にある神聖な力を示す言葉であれば何でもよいのです。キーワードは〝すべてをゆだねる〟ということでしょうか。こうして、無心にゆだねきった時に、この祈りを契機として神の力がうごくのかもしれません。

周囲を見回せば、また、世界全体を概観しても、誰もが何らかの厳しい試練に直面しているように思われる昨今です。特に、日本の私たちは、東日本大震災という大災害を体験し、国を挙げて再建に取り組み始めているところです。そんな時に〝豊かさの祈り〟がもたらされるのも、偶然ではないかもしれません。「真の豊かさ」とは何なのかという探求も必要になるでしょう。物質的な豊かさだけではなく、人間関係の豊かさ、心の豊かさ、愛の豊かさ、喜びの豊かさがあってはじめて人間の幸せは可能になるのですから。そして、そのような豊かさを実現するためには、勤勉・向上心・目的意識・感謝といった美徳を磨くことは当然必要です。しかしながら、その根底に、〝ゆだねきる〟あり方があるとき、〈生命《いのち》の祈り〉がさらなる力を発揮するのではないかと感じています。

最後になりましたが、次の方々に心から感謝申し上げます。最初に、今回の祈りも含めてこれらの貴重な祈りを人間の言葉として勇気をもって降ろしてくださったハワード・ウィルズさん。本書の祈りによって体験した奇跡的な癒《いや》しを共有してくださった方々、本書に感銘して友人や知人にプレゼントするなどの形でゆるしと喜びを共有してくださった方々、改訂版の出版を迅速にお進め下さったナチュラルスピリットの今井社長、新装丁を担当してくださったデザイナーや改訂版をまとめてくださった編集者などの制作者の方々、私が指針を必要とするときに高次元世界との橋渡しをしてくれるパートナーのジャネット、そして今、本書を手に取ってくださっているあなた、ほんとうにありがとうございます。ゆるしと感謝を土台として、地上での豊かな人生の創作を楽しまれることを祈っております。

２０１１年３月　大内　博

著者紹介……………………………………………………………………………………

ハワード・ウィルズ Howard Wills

1953年、アメリカ合衆国サウスカロライナ生まれ。現在、ハワイ州カウアイ島在住。

マットレスの会社を経営していた。聖なる存在によってもたらされた〈生命《いのち》の祈り〉によって、数々の奇跡的なヒーリングをおこなってきている。また、『エノクの鍵』（小社刊）の著者のJ.J.ハータック博士とも親しく、一緒に講演したり共同でＣＤ（「Wings of Healing」）を制作している。宇宙的視点に立つヒーラー。

英語版の紹介ホームページ
https://www.howardwills.com/

訳者紹介……………………………………………………………………………………

大内　博 Hiroshi Ohuchi

1943-2013年。福島県生まれ。上智大学外国語学部英語学科卒業。元玉川大学文学部教授。数多くの翻訳によって新しい精神文化を日本に紹介する一方、自らジャネット夫人と共にワークショップを開催。また世界の飢餓を終わらせることを目指すNGO、ハンガー・プロジェクト協会理事長、特定非営利活動法人ヴァーチューズ・プロジェクト・ジャパン理事長などを務めた。

著書に『コミュニケーションの英語』（講談社）、『言葉の波動で生き方が変わる』（大和出版）ほか。訳書に『プレアデス＋かく語りき』『愛への帰還』『光の翼』『ヴァーチューズ・プロジェクト：52の美徳教育プログラム』『終わりなき愛』（太陽出版）、『ゆるすということ』（サンマーク出版）、『聖なる愛を求めて』『奇跡のコース第一巻：テキスト』『奇跡のコース第二巻：学習者のためのワークブック／教師のためのマニュアル』（ナチュラルスピリット）など多数。

2013年2月14日帰天。

生命《いのち》の贈り物 増補改訂版

●

2001年7月7日　初版発行
2011年4月8日　増補改訂版第1刷発行
2025年7月7日　増補改訂版第7刷発行

著者／ハワード・ウィルズ

訳者／大内　博

装幀・口絵／佐倉直海

発行者／今井博揮

発行所／株式会社ナチュラルスピリット
〒101-0052 東京都千代田区神田小川町3-6-10 M.Oビル5階
TEL 03-6450-5938 FAX 03-6450-5978
E-mail：info@naturalspirit.co.jp
ホームページ：https://www.naturalspirit.co.jp/

印刷所／電算印刷株式会社

ISBN978-4-86451-001-1　C0010